애지시선 073

다시, 평사리

2017년 10월 30일 초판 1쇄 발행

지은이 최영욱
펴낸이 윤영진
편 집 함순례
디자인 함광일 이경훈
홍 보 한천규
펴낸곳 도서출판 애지
등록 제 2005-5호
주소 34623 대전광역시 동구 대전로867번길 46
전화 042 637 9942
팩스 042 635 9941
전자우편 ejiweb@hanmail.net

ⓒ최영욱 2017
ISBN 978-89-92219-72-3 03810

* 저자와의 협의에 의해 인지를 생략합니다
* 이 책 내용의 전부 또는 일부를 재사용하려면 저자와 애지 양측의
  동의를 받아야 합니다
* 이 책은 경남문화예술진흥원으로부터 발간비 일부를 지원 받았습니다

이 도서의 국립중앙도서관 출판예정도서목록(CIP)은 서지정보유통지원시스템 홈페이
(http://seoji.nl.go.kr)와 국가자료공동목록시스템(http://www.nl.go.kr/kolisnet)에서
이용하실 수 있습니다. (CIP제어번호 : CIP2017026667)

애지시선 073

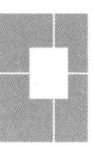

다시, 평사리

최영욱 시집

□ **시인의 말**

살다보니
단 한 번도 예상한 대로
살아보지 못했다
허나 늘 그러리라는 예상은 맞아
"예상 밖의 결과가 빚은 모순" 때문에
돈도 안 되고 사람도 안 된다는
시인으로 살아왔다.

시간이 날 때마다
섬진강 백사장을 어슬렁거리거나
남해 노도의 갯바위에서 놀았다.
산다는 것도 쓴다는 것도
속절없어 쓸쓸했다.

2017년 가을

최영욱

차례

시인의 말　005

제1부 황홀한 착지

反轉　013
황홀한 착지　014
수컷들　016
혼돈　018
되살기　020
다섯 끗　022
작심즉불作心卽弗　023
대봉감　024
달콤한 상상　025
천원天元　026
안경　027
어떤 의식儀式　028
나림那林 생각　030
이의 있습니다　032
신　034

제2부 섬진강 시편

평사리 봄밤을 위하여 037

그나마 다행이라는 말 038

섬진강 1 — 노을 041

섬진강 2 — 자진 042

섬진강 3 — 겨울 044

강의 독법 046

노량포구 048

하동포구 050

화심나루 052

호암나루 054

화개나루 056

다시, 평사리 058

개치開峙나루 060

제3부 미조에서

미조彌助 063

갯바위 064

합장 066

강화시편 1 — 만중에게 067

강화시편 2 — 홍이포 069

강화시편 3 — 이별 070

노도에서 — 노도 072

노도에서 — 묵즙 074

노도에서 — 꿈 076

노도에서 — 너머 078

제4부 차밭 법당

차밭 법당 1   083
차밭 법당 2   085
덖기 — 살청   086
비비기 — 유념   087
말리기   088
맛내기 — 加香   090
우리기   092
나누기   094
妙用   096
감로 甘露   097
비수   099
섬진강대로 3492   100

해설 | 공광규   103

제1부
황홀한 착지

反轉

풀은
반드시
꽃이 피기 전에
베어야 한다

꽃 핀 풀들을 거누던
낫의 날이
내 심장을 노릴 때가
있기 때문이다.

황홀한 착지

먼 길을 돌았을 거야 빛과 빛 더러는 어둠과 어둠
사이를 건너기도 했을 것이며 찰나 밝은 빛의 휘
황함에 눈을 감기도 했을 거야
그러다가 잠이 들면 내가 아주 머나먼 길을 잘
찾아가는지에 대해 질문을 하곤 했어
은하와 은하를 건널 때에는 그 은하에 발 담구고
찰박거리고 싶었으나 나를 기다리는 사람들을 지치게
하고 싶진 않았어
같은 온도 비슷한 울음으론 나를 찾지 못할 것 같아
나는 별의 울음을 배웠고 달의 미소를 닮으려
애썼어 그러다가 사람의 울음을 울며 여기로 와서
내 엄마 아빠의 최고가 되었지

나는 말을 하였으나 내 말을 못 알아듣는
어른들은 내 표정과 내 눈을 가만히 들여다
보고만 있는 거야 답답했지 채 펴지지 않는
손가락들로 열심히 글을 썼으니 그건 나만의

수화였어

"내 손녀가 '우주의 소리'를 내고 있네."
내가 까무룩한 울음을 그쳤을 때 어느 누군가가
말했어 할아버지래

그때부터 난
할아버지의 친구가 되어 내가 배운 우주의
말로 할아버지를 골려먹기도 하면서
사람의 말을 배우기 시작했던 거지만
내 표준말은 우주의 말이었으나 내가 배운 건
지독하게도 늙은 경상도 사투리였어.

수컷들

'사우나'라고 부르면 어색할 것만 같은
읍내 목욕탕에 대여섯 살이나 되었을까
올망졸망한 아이들 여섯 남탕으로 들어선다
늘 쉰 줄에 앉았거나 예순을 훨씬 넘긴
늘어진 육신들이 뜨거움을 시원하게 즐기는 늙은
목욕탕이었다

눈이 똥그래진 늙은 수컷들이 순간 순하게 변하기
시작하더니 머리부터 감거라 똥구멍도 씻어라
한 수씩 지도를 하고 떼 지어 둘러앉은
할배들의 나이에 짓눌린 아이들은 참으로 고분고분 잘
도 따르는데
 저 순한 뼈들이 뒤틀릴까 찬물을 보태 아이들을 부르는
 곱게 늙은 수컷이 아름다워 보였다

아직 사납지 않은 저 수컷들의 뼈가 힘은 있되
온전하고 정의롭게 강해지기를 생각하다가

수컷도 어려서는 아름답고 예쁘다는 걸
생각하고 또 그러다가

실없이 배이는 웃음 한 줄 베어 물고
목욕탕을 나서는 정월 초이틀의 긴 연휴였다.

혼돈

봄은 헝클어진 문장처럼 온다

더러는 꽃소식으로 오고 또 더러는 부고로도 온다
강가의 매운 북풍으로도 오고 남녘의 훈훈한 바람을
타고도 온다 하여 강가 백사장에서 서로가 얽히고 섞여
한 몸처럼 놀다가 싸우다가 문득 온다
꽃그늘 아래로 드는 상여처럼 온다

봄은 펴지지 않는 문장처럼 온다

 부사와 동사가 제자리를 잡지 못하고 형용사만 갈겨놓은 애매한 문장처럼 와선
 한동안 말이나 문장이 되지 못하고
 매화의 귓가만 어지럽히다가 형용사와 동사만으로는 봄으로도
 문장으로도 읽히지 못한다는 것 끝내 알아채지 못한 채 벚나무로

옮겨 붙는다 모든 꽃들이 일시에 개화하는 무더기 봄이 누더기 같아
 정갈하지 못한 문장처럼 얄궂어 밉다 띄어쓰기가 되지 않은 200자
 원고지가 허옇고 누렇게 널린 봄날이다

 꽃그늘로 드는 상여 뒤로 죽은 문장들이 수두룩하다.

되살기

스스로 매장해버린
내가 뱉거나 쓴
말들이 단어들이 문장들이
유령처럼 살아나
이승 한 자락을 아귀처럼 그러잡고
달빛서린 백사장을 어슬렁거리고
스스로 힘을 거두는 것도 잃어버린 채
그 말 그 단어 그 문장들과 놀아난 세월

길다

돌아보면
오소소 소름 돋아 떨치고픈 부끄러워 도망가고픈
반쯤 자르고픈 혓바닥과 잡지 말았어야 할 수많은
펜들과 먼지 낀 자판들과 환청처럼 기어들던 산만한
잡소리까지가 그렇다

다시 생각하면
달빛서린 백사장에 적막처럼 눕고 싶은 것이다.

다섯 끗

찌르자니
패가망신이요
죽자니
아까운 딱 절반의 끗발

늘 갑오를
꿈꿨던
긴 세월이었다.

작심즉불作心卽弗

의신에서 길을 잡을 때부터
마음에 둔 것은 아니었다
세석과 원통암圓通庵 그 갈림길에서
서산대사의 심공급제心空及第에 홀려
원통암 공양간이나 훔쳐볼까 하고
서두른 길은 오르는 내내 묘한 심사였다

암주庵主 스님 법문과 차 대접 좋이 받고
그 다향 가시기도 전에 즉심즉불 즉심즉불卽心卽佛
되뇌던 그 말이 자꾸만 작심즉불 작심즉불로
혀에 되감겨 나도 부처나 되어볼까
부처나 되어볼까 궁시렁거리는데

덕평봉은 가소롭다 웃으시고
청허당께선 꽃 같은 미소 한 자락 날리시는데
그만 혼비백산하여 부처되기를 그만둔
가을날의 짧은 꿈이었다.

대봉감

지난여름의 무더위가 키웠을까
지리산 푸른 바람이 달았을까
저리도 달고 붉게 매달려
지리산 푸른 달빛이
개치나루로 하동포구로 흘러드는
길을 밝히는
가로등이었다가
악양골 인심 좋은 농부들 웃음이었다가
허공을 두리번거리는
까치들 밥이었다가
이 가을을 내 손 안에 통째로 얹히고 마는

아직 달이 뜨지 않은 악양골 어느 누마루에서
보았네 온 골을 밝히는 저 따뜻한 호롱불들.

달콤한 상상

개가 되는 것이다
팔을 버리고
직립을 버리고
네 발로 기는 것이다
유순하게 앞발을 모으고
더러는 비비고 핥기도 하면서
꼬리도 만들어 흔들어 보는 것이다
세상 한번 편하게 살아보는 것이다.

천원天元

오른쪽 엄지발가락 정중앙에
티눈 하나 박혀 있다
디딜수록 파고드는 통증은
어느새 내 아픔의 중심이 되었다

아픔이 중심 되는 나라
깊은 상처 보듬는 나라
그들의 상처가 하늘의 중심이 되는 나라
그런 나라를 표절하고 싶다.

안경

세상이 깨어졌다 활자가 깨어졌다
안개도 짙어졌다 옅어지곤 한다
어차피 깨어진 세상이라 아쉬울 것도 없지만
활자가 깨어지니 얄팍한 도둑지식도 깨어지고
들통 나는 것 같아 마음 쓰였다
짙어진 안개야 강물의 힘으로 햇살의 힘으로
밀어 올린다지만 손등으로 비비고 또 비벼도
꿈쩍도 않는 내 눈 속의 안개
좀 더 맑은 눈으로 세상을 다시 보기가 두려웠지만
깨어진 활자를 다시 꿰어 좀처럼 쓰이지 않는
내 시를 다시 쓰고 싶었다

눈 위에 또 다른 눈을 얹기가 거북스럽고 까탈스러웠으나
참 오래도 부려먹었다 싶어 수긍하고야 마는

어느 날 문득,

어떤 의식儀式

 넓은 방 한가운데 제법 커다란 밥솥이 놓였다 뚜껑이 열린 밥솥에선 이제 막 지었는지 모락모락 김이 피어오르고 솥을 중심으로 널따랗게 원을 그려 많은 사람들이 앉았다 아무도 말은 없었으나 표정들은 진지하다 누군가의 진행으로 커다란 밥솥에 한번 절하고 각자의 숟가락으로 밥 한 술씩을 떠 입으로 가져갈 때, 울리는 한 소리

 밥은 한 술이지만 오래오래 씹기

 논 팔백 평을 빌려 직파로 벼를 심고 유기농으로 길렀지만, 여름 한 철 내내 김매고 퇴비하고 그것도 모자라 얼굴까지 새까매진 처녀 일꾼 진순이는 연신 울먹였다 논 팔백 평 임차료에 수확할 때 빌려 쓴 트랙터 비용까지를 다 외상으로 남겼지만 쌀은 사십여 명 그들의 몇 달 치밖에 안 된다고 또 울먹인다

 그들이 외상으로 지어 놓은 농지나 트랙터 경비는 지구

가 대신 갚을 것이라고 어깨를 다독거려 주었으나 진순이는 좀처럼 미안한 마음을 내려놓지 않았다 진순이도 진순이지만 땅을 대하는 그들의 태도나 밥 한 술을 오래오래 씹어 먹는 그들의 모습이 대책도 없이 아름다웠다

 아름다운 그들에게도 넙죽하고 크고 큰 절 한자리 올리고 싶었다

 오랜만에 사람들이 아름다웠다.

나림那林 생각

오름 십 리 내림 십 리
황토재 굽잇길 오르고 내리다가
안개등을 켰다가 상향등을 켜 봐도
안개는 늘 숲이었다

그 안개 헤치려 안간힘을 쏟아도
햇발 들면 스스로 물러나는 저 얄궂은 숲
아
이제야 안겨오는
나림, 그 곤혹스럽던

켜다 끄다 기는 길에 숲은 짙었다가 옅었다가
다가왔다가 물러나길 반복하는데
나림은 늘 찰나였던가
영원이었든가
드는 물음 어쩔 수 없어 황토재 중턱쯤에서
그만 생각을 접고 말았다

햇발 들면 물러나고 그러다가 다가서는
오롯한 순응

내 어떻게 숲을 이룰까 숲 이뤄
무엇을 무성케 할까
나림의 숲은 깊고도 아득했다.

*나림 那林 - 하동출신 소설가 이병주의 호

이의 있습니다

꽉 차니 헐렁하다 울음의 결마다 조임과 풀림이
있어 조이는 듯 풀렸다가 더욱 옥죄는 너무 옥죄
밖으로도 새지 못하는 저 통곡의 결들

아직도 자신의 추도식은 끝나지 않았다는 전화기
너머 시인의 목소리는 깊이 젖어 있었다 나도
그렇다고 말 맞추니 염치 없다
문득
헛것이다 사르륵 사르륵 밑불 댕기던 그 꿈의
거품이다 거세게 조여오던 잔당들 잠시 숨 고르고
거리 거리는 수백만이 통곡으로 말하고 있었다
미안하다고 이의 있다고
허나 울음 뒤에 숨은 울음 보다 더 음흉한 웃음과
이의 있다 손 들지 못하는 자지러지는 포기와
그에 또 웃음 머금는 서툰 조국과

통곡의 행렬로써 배웅하는 배웅해야 하는 서툰

조국의 서툰 백성들아 그 죽임에 이의 있다고
수십 수백만이 또 다른 부엉이 바위에 서서야
되겠냐고 따져 묻자

옛적 당신께서 어깨 펴고 높이 손을 든 그 모습으로
세상에 함 따져 묻습니다
정말
이의 있습니다.

신

어쩌다가 저기에 놓인 걸까 저울 위에 올려 있는
운동화 한 켤레
저울 눈금이 파르르 떨다 멈춰버린 지점
꼭 구백 그램
저 가벼움에 얹혀 다닌 길들은 지워지고
밟히고 짓이겨진 꽃들이거나 구르던 이끼 낀 돌멩이거나
오지 않는 사람에게로 뛰다 디딘 허방이거나
잘 저장된 밑창의 흔적들

마른 길 환한 길 더러는 바른 길
비행운처럼 옅어졌다 지워지고
내 발길에 채여 스러졌던 당신이거나 꽃이거나
비음으로 날을 세우는
꽃 터지는 밤

헛발질은 늘 요란스럽고
꽃이 터져 자꾸만 터져 그나마 살만한 봄밤이다.

제2부
섬진강 시편

평사리 봄밤을 위하여

펴 준 꽃들이
다시 피는 봄밤
저무는 것들과 지는 것들 사이에서
난 늘 허기에 시달리는데

그 허기가 꽃 허긴지 술 허긴지
아니면 사람 허기인지
나는 그만 정처를 잃고
꽃 지는 섬진강가로 내달리는 것인데

그곳에는 늘
꽃들이 부르고 바람이 추임새 넣는
청승스런 육자배기 가락처럼 온몸으로
저녁놀을 받아내는 윤슬만이
칭얼댈 뿐이었다.

그나마 다행이라는 말

그나마 다행이라는 말은 미안하다는 말

물속에 핀 꽃을 본 일이 있다

벚나무 꽃 피면 화개장터 어름에서 술이나 한잔 하자 약속했던 문인들이 하나 둘 모여 화개장터 옛 다리 위를 건너는 중 누군가가 혼인색 띤 황어떼를 발견하고선 "물속에도 꽃이 피었네, 황갈색 꽃이 피었어."라고 중얼거리자 모두 꽃구경이다 먼 바다 갯내를 화개천 맑은 물 속에 부려 놓고 한창의 신혼을 꿈꾸는 황어떼들의 아름다운 행진에 속절없이 취해 있을 때

"여러 갈래의 물을 합쳐 도도하게 흘러야 하는 것이 강물의 일이라면 이 강은 다행인 것, 당연한 일을 다행으로 여기는 일이 얼마나 미안하고 죄스러운지는 다른 강들을 보면 안다."고 낙동강가에 사는 후배 시인이 말하자 늘상 백제만 팔아먹고 사는 선배 시인은 "그건 환경에 대한 반역"이라며 입에 거품을 물자 봄꽃이 시들기 시작했다

그래 수많은 황어들이, 은어들이, 참게며 장어들이
  4대강 수많은 보, 그 콘크리트 견고함에 머리를 박으며 짓찧으며
  은빛폭격을 가해도 기어코 오를 수 없다는 잔인함과 절망과
  심지어는 '저서생물의 전멸'이 현실로 다가왔으니
  '반역'이 맞다 어깨 쳐주었으나

'자연 앞에서의 겸손'을 배운 시인들이
그나마 섬진강은 다행이라고 말할 때
나는 그만 가슴 저려
차라리 깊이 미안했다

명주바람에 놀 몇 점 얹어 유장하게 흘러야 할
강들과 그 물속 모든 생명체에게 깊이 미안했다

그나마 다행이라는 말은
염치없다는 말.

섬진강 1
— 노을

새가 날자 강이 떨었다
그림자칼 늑골 언저리에
깊이 박아둔 채
온몸으로 받아내는
저 쉼 없는 진통

섬진강 2
— 자진

대부분의 사람들은 내 품으로 들어올 때
알몸이다
밑만 걸쳤거나 혹은 위아래만 겨우 가린 채
풍덩풍덩 예의 없이 기어들거나
뛰어든다

허나 더러는 아주 더러는
완전히, 완벽하게 지쳤거나 세상의 어쩔 수 없음에
떠밀린 사람들이
신만 벗거나 그도 신은 채로
조용조용 안겨든다
내 흐름의 힘으로는 감당하지 못한다
긴 파장으로 안간힘 다해
밀어내보지만 내 흐름 내가 막지 못할 때

불무장등의 총 맞아 죽은 귀신들
"으쩔꺼나 으쩔꺼나

아까바서 으쩔꺼나"
귀신 상주들의 곡성이 바람 따라
강물 위로 나즉나즉 얹혀 헛돌 때

바람 따라 곡성 따라 자작 자작 웃어 쌌는
저 윤슬은 또 으찌할까

섬진강 3
― 겨울

섬진강 위로 어스름이 얹히면
늘
술허기에 시달렸다

주홍과 보라 더러는 초록 입자로
쪼락쪼락 매달린 노을이
눈물 같은 향기를 강 위로 내려 보내면
나는 늘
어깨가 아팠다

왜가리는 물속 노을을 쪼고 있었으나
물속의 태초는 흔들릴 뿐
저문 강의 시간은 늘 빨라
주춤
주춤거리던 어둠이
강 위로 백사장으로 먹물처럼 내려앉자
노을은 자진했다

자진하는 노을 속으로 나는 새 한 마리의
용골도 나처럼 늘 아플까

세상의 모든 허기를 강이 보듬어 흐른다면
그 자리엔 또 다른 허기로 채워지고 말 것인가

안 되는 말들에
또
어깨가 아파왔다.

강의 독법

느릿느릿 읽어야 한다
사릿물이 백사장으로 차오르기 전
밑모래를 깊이 적시듯 적셔 마침내
물아래로 잠기는 모래밭처럼
느리고 깊게 읽어야 한다

피아골도 잔돌평전도 읽어내야 하며 그들이
쓰다듬은 모든 세월도 반드시 읽어내야 한다
이것저것 나누지 않음도 깊숙이 받아들임도 읽어내야
하는 것이다 차안과 피안이 그렇고 누군가가 할퀴고 간
무너진 하상도 기억 속에서 불러내 읽어야 한다

소리 없는 것들을 들어야 하고 윤슬의 부대낌도 시리게
필사해야만 한다 저무는 것들이사 일별로 보낸다지만
흐르는 것에는 안겨야 하는 것이다
안겨 같이 흐를 때
제대로 같이 가는 것이다 물이 그려낸 곡선도 유장함도

남으로 길을 잡아 바다로 스며들 때까지, 물에 물을 더한 물에 서린 긴 이야기를 읽어내야만 한다

느릿느릿 오래 깊이 읽어야만 한다.

노량포구

예서 시작이다
바람도 순해 물길이 순한 하동포구 팔십 리가 시작되는 포구
오늘은 보름사리, 그 밀물에 배를 앉히면 뱃길은 편안할 터
여기서 물길 백 리, 팔십 리는 정감의 거리
초저녁에 하동포구 닿아야만 하동장날 대목을 보고
다른 밀물에 얹혀 화개장터까지 올라야 하는 긴 물길

희게 번득이는 달빛에 젖은 포구는 "노량"하고 불러보면
1598년 장군의 피 묻은 갑옷이 노량바다에 어려
한쪽 가슴이 저려오고 멀리 관음포 불빛만
섬처럼 떠 그날만큼 멀었다

예서 팔십 리
하동포구 팔십 리, 바다를 버리고 강으로 드는 길
오백 리 먼 길을 달려온 섬진강이 남해로 스며드는 포구

그 노량포구에 서면
옛것의 비린내는 멀어 아득하고
사람들은 순해져 정처를 잃고
나 또한 순해져 문장을 놓치는

그러하니
노량에서는 연필을 꺼내들지 말고
부디 묵념만 하시라.

하동포구

이 포구에선 쉬어야 한다
노를 쥐었던 손을 풀고 삿대도 내려놓고
머리에 이었던 짐도, 지게도 내려놓고 막걸리 한 잔에 취해
땅바닥이라도 두들기며 육자배기 한 자락에 취해도 볼 일이다
장바닥에 질펀하게 깔린 사람들의 언어는 들을 일 없다 하고
내 한 잔의 술에 취해 권커니 받거니 하다보면 날은 밝아
다시 내륙 깊숙이 밀려드는 남쪽 바다의 밀물에 얹혀
길을 재촉하면 밀물의 힘을 받지 못하는 홍룡 어귀쯤에서
바람이 맞으면 돛을 올리든지 그도 아니면 노와 삿대의
힘만으로 화개까지 올라야 하는 힘든 물길

이제 수로는 육로의 빠른 속도에 빛을 잃고
미조에서 노량을 거쳐 화개로 오르는 19번 국도만이

그 길을 대신하지만 그 길은 봄이면 꽃잎보다도 많은
차량들로 늘 북적대며 화개로 화개로 오르는데
나는 그 길의 중간과 끝을 외우는데
저들이 기를 쓰고 오르기를 원하는 것은 아마
나와는 다를 터이어서 만류할 수 없는 것이다

화개는 칡꽃이 피는 동네
그것도 눈 속에 칡꽃이 핀다는 동네
"화개"라고 크게 말하여보면
입 속에서도 꽃이 피는데
다만 내 눈 속으로는 들어오지 못하는 꽃이라서
그래서 꽃길을 악착같이 가보는 것이라
짐작할 뿐이다.

화심나루

가슴마다에 꽃을 피운다는 것인가
꽃처럼 아름다운 마음인가
꽃보다 아름다운 이름을 가진 나루터에 서 보면
옛적 신작로를 휘적휘적 걸어서 오르내리던
웃어른들의 발자국들이 하얀 백사장에 남아 있을 것만
같고 강을 넘어오던 죽창의 기세 좋은 풍경도 떠오른다
그러나 이 모두 책에서나 읽은 것들이어서
불 냄새 섞인 손을 펴면 손바닥에서도
꽃이 필 것 같은 나루
화심나루

건너 매화마을은 지척이나 나룻배는
옛날에나 있어서 강을 건널 수 없는 나루는
강의 물살과 깊이 다 외고 있으나
나는 그를 읽지 못해 강을 건너지 못하고
노을에 젖는 매화 무더기만 바라볼 뿐이다

간혹 매화에 얹히는 노을의 무게가
꽃의 향기를 짓누르는 시간이 있는데
나는 그 시간이 좋아 한참을 사공도 배도 없는
빈 나루에 앉아 있었다
봄도 점점 두꺼워지고 있었다.

호암나루

사공
아이나 어른이나 강 건너 사공막을 향해
손나팔을 만들어 부르던 그 단어
소설 속에서나 혹은 흘러간 옛 노랫말에나 나오는
사공이라는 단어, 명사이지만 동사 같은
그 단어

하동읍에서 십 리 자갈길을 걸어 걸어서
호암나루에 닿으면 나는 어려
"사공"이라 부르지 못하고 "아저씨" 또는
"김씨 아저씨"가 삿대질로 건너오는 그 배를
타고 할머니 댁으로 가곤 했다
호랑이 바위가 있다는 그 배밭길 속의 나루

할머니도 나루도 사라졌지만 여전히 배꽃은
만발해 늙은 신사자전거를 탄 호암마을
박씨 아저씨가 배꽃 속으로 사라질 때

후두둑 중절모 위로 날아 앉는
배꽃 몇 이파리

이화에 가슴 저미는 나루였다.

화개나루

불무장등이 끝나는 곳에 장이 섰고
장이 서는 날은 나루도 부산했다
건너오고 건너가고
동학이 건너오고
파르티잔들이 건너와 지리산으로 들던 나루
산 것들이 건너온 강과 죽음으로 내몰린 산이
만나는 그 나루

다리가 서자
사라진 나루

이끼 낀 줄배는
전라도와 경상도의 주름진
기억을 다 왼다는 듯 뭍에 얹혀
제 바닥을 드러내 보이고
꽃에 취한 사람들이
주섬주섬 벚꽃 터널로 들어서자

꽃들도 살며시 입을 벌려 화답하는 곳

그 꽃향에는 풋것들의 향기도 섞여 있어서
누구는 그 풋것의 향기가 '실존의 국물'이라고도
말했는데 아마도 그 풋것은 다향일 터인데

꽃 피는 사월 화개나루에 서면
사라진 나루와 묵혀진 상처는 잊고
한 잔의 다향에 취해, 신선이 되어 학을 타고
노니신다는 옛날의 그 큰 선비나 찾아 헤맬 일이다.

다시, 평사리

야윈 곳간이 늘 문제였다
비우면 언젠가는 채워질 거라는 말은
꽃이 피면 다시 올 거라는 말처럼
헛된 것이라서 쓸쓸했다

날이 저물면 저녁이 찾아들 듯
날이 새면 어김없이 오르던 평사리 — 行
늙은 자동차도 길을 다 외워 차도 나도 편안했던
평사리 — 行 이십여 년

이젠 늙어 기다릴 사람도, 받을 기별도 더는 없어
빈 곳간들을 사람으로, 문장으로 채워놓고

내 언젠가는 최참판댁 솟을대문을 등 뒤로 두고
개치나루 쯤에서 나룻배 하나 얻어 타고
흐르듯 떠나가겠지

나는 늘 평사리에서 누군가를 기다렸지만
이제 평사리가 나를 기다려도 좋지 않을까
싶은 것이다

평사리 — 出

개치開峙 나루

끝내 청학동은 찾지 못하고 다시 발길을 남쪽으로
돌렸다는 큰 선비가 '회남재'라는 재 이름 하나,
방울소리 한 점 남겨두곤 배를 타고 내려갔다는
그 나루에 서면 어디선가 그 큰 선비의 허리춤에서
일던 크나큰 문장들이 되살아오는 듯하여 먹먹한 나루
더러는 내려가고 또 더러는 오르던 나루
강의 길에도 귀함과 천함이 있어
누구는 말을 타고 또 누구는 나뭇단 한 지게 메고
뒤틀리며 걸었던 그 길
세상이 다르게 열리는 포구였던 동네
벼락 맞은 악양루는 사라지고
잘 쌓여진 돌담만이 문장으로 남은 포구

돌아갈 수도
내처 갈 수도
건너갈 수도 있는
자유로운 포구라서 항시 좋았다.

제3부
미조에서

미조彌助

좀처럼 펴지지 않는 길이다
굽이굽이 돌고나면 또 굽잇길
낚시 바늘 수십 개가 잇닿아 길을 만들고
있는 것이다
그런 미조에 가면 촌놈이 있고 바다가 있고
미륵이 있다
미륵은 미조의 다른 말이기도 하지만
또한 같은 말이라서 굳이 뗐다 붙였다 할
필요가 없는 것이다
사람이 그렇고 바다가 그렇고 비가 오고
바람이 불어도 빗속에서도 바람 속에서도
미조는 그렇게 앉아 있는 것이다
시작일 수도 끝일 수도 있는 그곳을
나는 늘 시작이라고 부른다
시작이라 불러야 나도 미륵부처님의 손바닥 안에서
놀 수 있을 것이기 때문이다

미조의 품이 미륵의 품인 것이다.

갯바위

노도는 지척이었다
벽련포구에서 앵강만은 길 없는 길이라서
어선이나 낚싯배만이 낼 수 있는 길이었다
300년 전 한 선비의 적막을 마주한 채
낚싯대를 드리우는 대량 갯바위엔
차고 거센 바람만이 그득했다

널따란 만큼 수심을 헤아리지 못하고 조급하고
갈급한 마음으로 달콤하고 요염하게 생긴 크릴
한 마리를 골라 날카로운 낚시 바늘의
사악함과 살의를 감춘다

일렁이는 파도에 흔들거리던 찌가 윤슬 속으로 묻히면
 뒷줄 견제가 우선이다 견제한다는 건 바다 속과 내 낚
싯대의
 긴장, 늘 견제와 경쟁에 휩쓸리며 살아온 모습들이
 이 갯바위 위에서 펼쳐진다는 것은 견제와 기대 속에

서의

긴 기다림을 세월로 받아들인 서포의 마음일 것도 같아서

사무침 또한 넘쳐나는 풍경의 한 축이었다.

합장

갯바위 너덜에 끌어올려진
감성돔 한 마리
죽을힘을 다해 몸부림 칠 때

누구는 발악이라고 말했고
누구는 싱싱하다고 했다

발악이 싱싱함으로
치환될 때

맛있다.

강화시편 1
— 만중에게

너의 할머니를 모시고 월곶나루를 건널 때
하얀 눈이 내렸다
그 눈 위로 자꾸만 포개지던 만삭의 니 에미와 니 형 만기의
얼굴이 어렸다 지워지고 지워졌다 어리길 반복하고
녹지 않은 눈 위에 또 다른 눈들이 쌓여
적들의 기세만큼이나 삼엄하구나

성루 골기와를 따라 얼어 내린 고드름만으로도
적을 물리칠 수 있을 것만 같은 추운 날
저 얼음의 날들을 적에게로 돌릴 수 있다면
이 싸움에서 지지 않을 것만 같구나

젊은 애비가 오른 이 성루에서
너는 멀고
적은 몹시 가깝구나
내 죽음이

결코 허름하지 않기를 성긴 눈발이 날리는
하늘에 빌고 또 빌어본다.

강화시편 2
— 홍이포

스물셋 젊은 아비는 지금 적의 포탄 아래 있다

눈발이 끊긴 하늘은 푸르른 냉기로 가득 찼고
땅에는 죽음의 기운이 넘쳐흐르는구나
적의 포砲는 먼 곳에서도 삼엄하고 집요했고
적의 포와 내 화살의 거리는 몸처럼 좁혀지질 않아
성벽 불기둥 속에서도 마음만 차갑구나

당면한 죽음 앞에서 그 죽음은 의義로 살아나고
충忠으로 살아나길 소원하나
그 의와 충은 무기력해서 땅으로 스미는 말이 되고 마는구나
허무하게 스민 말끝에서 너를 생각한다는 것은
그 말의 자락만큼이나 헛헛하구나
월곶나루를 건너는 적의 모습이
시린 하늘 아래서도
삼엄하여 두렵구나

강화시편 3
— 이별

"죽음 안에서도 삶이 있다"는 말을 곱씹으며 남문으로 오른다
 젊은 자들의 결기와 원로들의 의연함이 뭉치니
 두렵지 않은 죽음이리라
 성루 기와골을 타고 흘러내리는 물방울들은 햇살을 받으며
 찬란한 빛살들을 튕겨내고 다시 무지개를 만들어
 죽음을 외롭지 않게 하는구나

 이 젊은 아비의 죽음이 지금까지 이룬 공부의 결과물이라면
 아비의 공부 또한 헛되지 않았음을 안다
 아비의 죽음이 너에게로 가 닿아 삿됨이 닿지
 않는 너의 삶을 이루길 바라고 싶구나

 걸터앉은 화약궤는 차가웠으나
 뜨거운 화약의 불길이 인간의 속기俗氣를

덜어내리라 믿는다

아들아
너는 너무 멀리 있구나.

노도에서
— 노도

빈 솥단지에 물을 부어 연기만을 피워 올리는
허허로운 아침입니다

허기가 주는 싸늘함보다도 자식을 천 리 밖으로 떠나보내야 하셨던
어머님의 눈물이 앵강만에 그렁그렁 고인 것 같아
가슴이 먹먹해져만 오고
비손에 몸이 상하실까 야위실까 무척이나
두려운 아침입니다

바람을 울타리 삼고
앵강만을 마당 삼아
송기를 긁어내다가도
문득문득 어리는 어머님의 야위신 얼굴이며
"흉한 무리들과 어찌 화친을 논하느냐"며
불길 속으로 걸어 들어가신 아버님의 곧은 결기가
제 가슴에서 다시 살아나

섬 속의 섬은 낯서나 뜨겁습니다

참으로 가슴 더운 날들입니다.

노도에서
— 묵즙

가슴속 한가득 담긴 시커먼 묵즙들이
머리로 눈으로 손으로 치고 나올 때
관솔불 그을음은 초옥을 누르고
거두고 거두고 거두다가 차라리
울컥울컥 마셔버리고 싶은 색 바랜 단어들이
관솔불에 그을리고 있습니다

몇 번 아니 몇 수십 번을 잡았다가 놓는
붓질에서 어쩌다가 희미한 윤기를 읽어내는 날은
바람도 빗장을 풀고
관솔불도 곧게 타올라 그 윤기를 다잡아줍니다

섬 속에서의 일들이란
스스로 만든 빗장을 벗겨내는 일
어느 날은 온종일 먹을 갈고 갈다가
앵강만을 건너오는 바람 속에서
어머님의 내음을 맡습니다

바람에 실려 있는 어머님의 소식에
묵향마저도 달디 단 오늘 같은 날은
바람마저도 정갈한 소리가 되어
유순한 문장이 거친 종이 위에
엎드립니다.

노도에서
— 꿈

하룻밤 꿈을 길게 꾸어
어머님께 다녀오는 날은
앵강만도 바람을 재워 길을 터주고

차라리 이 섬을 통째로 저어
어머님께 닿고 싶은 날은
꾀꼬리 날아 울며 저를 붙잡아
붙잡아 앉히기도 하였습니다

꿈속에서 그려내는 젊디젊은 아버님의 얼굴이
몸져누우셨다는 어머님의 늙고 야윈 얼굴과 겹쳐져
솔숲에서 이리저리 휩쓸립니다 그 속에 저의
병약한 몸과 마음도 실려
차곡차곡 쌓아둔 설움덩어리들
하나 둘 내뱉기도 하였답니다

오늘 같은 날은 바람마저 세게 불어

초옥을 밝히던 관솔불마저도 불붙일 수 없습니다
어둠으로 둘러싸인 초옥의 밤이
바람 하나에 의지해 길을 냅니다.

노도에서
— 너머

그곳엔 아버님도 어머님도 계시겠지요

늙고 추레해진 모습으로 바라보는
앵강만 너머는 안갠 듯 아지랑인 듯
흐려 멉니다
꿈으로 달려가던 기나긴 길 위에서 유택은
빗속에 홀로 젖어 있었고
어머님의 임종 소식은 그 길 위를 되짚어
내려왔습니다
멀리서 서럽게 왔습니다

미욱한 자식의 선명치 못한 자리인지라
두 분을 어찌 뵈올까 걱정하다가도
걸음을 재촉하여 두 분께 닿겠나이다

저의 죽음이
섬 속 섬 안에서의 이 죽음이

아버님의 죽음과 견줄 수는 없사오나
걸음을 빨리하여 두 분께 닿겠나이다
닿아 절하며 울음 울겠습니다

파도와 바람의 위리안치에서 벗어나
두 분 품으로 들겠습니다.

제4부
차밭 법당

차밭 법당 1

차밭에 든다
든다는 것은 인기척이다
늘 먼저 와 있는 손님 때문이기도 할 터
고라니가 주인일 때도 그렇고
멧돼지나 뱁새의 둥지도 그렇다
그러므로 늘 "듭니다"라고 고함치지만
이는 사람의 말이라서
그들은 언제나 나를 기겁하게 하고
손님과 손님들이
서로가 놀라는 차밭

그래도 차밭에 엎드리면 세상은 멀어
아득한데
차밭에 무릎 꿇으면 찻잎은 더욱 선명하여
연두로 물결치는데
그 연두색 멀미에 열이 뜨는데
달뜬 손놀림은 허방을 짚기 일쑤

찻잎의 목을 꺾는다는 것은
한 모금의 차를 얻기 위함이나
염치를 가르쳐준 잎이기도 하여

봄날의 차밭은
나만의 법당이었다.

차밭 법당 2

곡우에 다가설수록 찻잎들은 힘이 세진다
연두에 힘이 붙어 안쓰러움이 무뎌지는 것인지
피는 꽃들에 홀려 무뎌지는 것인지
봄날의 차밭은 소란스럽다

피어버린 꽃들이 부르는 벌떼의 웅웅거림
때죽나무에 매달린 하심의 쌀알들과
끊고 끊어도 진물을 흘리며 서 있는 고사리들과
산란을 앞둔 날것들의 부산함이 더해지면
덩달아 나도 바빠진다 그 바쁜 마음을
따라가지 못하는 어설픈 농부라서
탐향을 조금 내리면
가벼운 봄날일 것이나

늘 욕심이 앞서는
무거운 봄날이었다.

덖기 — 살청

330도의 뜨거운 솥에
잘 고른 찻잎을 쏟으면
그것들은 솥 안에서 타닥거리며
제 풋기를 아파하는데
나는 셈에 바빠
그들을 아우성을 눈치 채지 못하고

살청,
이는
풋것의 날카로움을 죽이는 일
죽여 향으로 다시 살리는 일이기도 한데
3분 30초
그 시간은
시간 속의 시간이라서
헛된 생각이 스밀 수 없는
짧은 시간인 것이다.

비비기 — 유념

찻잎을 만다
말면서 비비는 것이다
어쩌면
찻잎의 몸에 상처를 내는 일이기도 하다
잘 저민 상처에서, 상처를 보듬는
향을 피울 수 있을 것이어서
손아귀에 더욱 힘을 줄 때
찻잎들은 내 손 밑에서
제 몸을 더 작고 동그랗게
또르르 마는 것인데

잘 비벼야 좋은 향으로 우릴 수 있는
안쓰러운 것들에 가해지는 무자비한
노략질

말리기

잘 비벼져 말린 찻잎을 털어 너는 것은
고행이자 수행이다
뒤틀린 것을 펴는 것은 상처를 덧나지 않게
갈무리하는 것, 그래야만 맑은 향을 얻을 수 있다
잘 펴서 맞는 온도에 너는 것이다

두껍게 널면 숙성 시간이 길어져 차맛이 탁해지고
너무 얇게 널어 숙성의 시간이 짧아지면 그 깊은 맛이
없어져 수행처럼 고행처럼
묵묵히 차분하여야 한다

그리하여
젖은 몸을 옹그려 더욱 옹그려 바스락거릴 때
그들을 거두는 것인데
제 향을 자랑하지 못해
서로가 서로를 부르며 웅성거릴 때
살며시 다독여서 밀봉되어야만 하는데

그 안쓰러움은
기다림이다

제 몸을 피워 사람들을 당길 날
숨죽여 기다리는 것이다.

맛내기 — 加香

상처 난 몸들을 다시 솥 안에 넣을 때는
화상에 조심해야 한다
데이지 않게 타지 않게
약한 불에서 오래오래 그들의 상처 난 몸들을
쓰다듬어야만 한다

그것들은 솥 안에서 숨죽였던 향들을 피워 올리다가
서서히 제 몸의 향기를 안으로 갈무리하는데
어느 순간
향이 멈춘다
향이 멎는다
이 순간은 화엄 같은 시간이라서

그들은 뜨거움과 비벼짐과 말림과 밀폐의 고통을
마침내
끝내는 것인데

허나 아직은 내 몸을 풀어 향을 피울 때는 아니다
몸을 풀 시간을 기다리며 한 줌씩
다시 포장되어
내 향을 피워 사람의 마음을 덥힐 시간은
아직 멀어서 가만히 숨죽이는 것이다.

우리기

다관에 물을 붓는다
식히지 않은 끓는 물을 붓는다
그것들은 뜨거운 물 속에서
진저리치는데
진저리치면서 향을 피우는데
그 향은 멀고도 가까워서
안쓰러운데

툭 투둑 몸서리치면서
제 모습들을 찾기 위해
말렸던 몸을 편다
상처 같은 것을 펴는 것이기도 할 터
나는 홀로 그 향이 쑥쓰러워
살며시 고개를 틀기도 하다가
그만 향에 홀려

무엇엔가 홀리면 염치를 잃는다는 것

그 말은 다향 같은 말이라서
늘 세상에도, 그 향기에도 지는 것이다.

나누기

차 한 줌을 나눈다는 건
다향을 나눠 사람의 마음을 덥히는 일이라서
기꺼이 나누는 것일 테지만
더러는 술과 바꾸는 물물거래의 밑천이
되기도 한다
이러저러한 사연이 더러 있지만
원래 차와 술은 같은 것
크게 탓할 수는 없는 것이다

차에는 흥이 없고
술에는 흥과 낭만이 있다는 말과
차에는 아취가 있고 사람을 고요하게 한다는 말과
술에는 거침과 크게 해롭게 하는 주사가 있다는 말이
서로가 서로를 향해 부딪칠 때

아서라
술과 차 모두 물이 없으면

그 무엇도 아니다
상선에 약수라는 말에
크게 고개 끄덕이는 것이다.

妙用

화개 어름에서 마신 한 잔의 차향이
아직도 입 안에서 감돈다는 전화를 받은 시간은
그가 서울에 도착해 있을 때였다

덖이고 비벼지고 말려지고 다시 솥 안에서
궁글려진 찻잎들이 제 몸을 또르르 펼 때

다관에서는
묘한 향이 피어오르고
그 향에는 먼 그리움 같은 것들도
조금 배여 있어
이는 나누는 향일 터여서 더욱 안쓰러운데
그 안쓰러움이 그리움인지는 분간되지 않아
문장을 끊고 잔을 드는 것이다.

감로 甘露

이슬도 향이 되는 것인지는 모르지만
물이 있어야만 피울 수 있는 향이라서
좋은 물과 좋은 차가 만나 피울 수 있는 향이라서
차를 우릴 때
나는 그만 겸손해져
합장을 한다

다관에서 떨어지는
마지막 한 방울의 그 다향은
더욱 감칠 맛 있어 혀끝을 잡아채는데
향을 다잡는 그 한 방울은
그리움을 당기는 향
더러는 처연한 향이기도 한 것이다
그러나 향이나 그리움 같은 것들은
실체가 없는 것들이고
어쩌면 헛것이기도 한데
나는 매번

그 헛것에
합장을 하고 고개를 숙이는 것이다.

비수

맨 정신으로 한 일주일을 살자
안 보이던 것들이 보이기 시작했다
내 혓바닥의 날선 가시들과
가슴속 잘 벼린 칼날들이 선명하게 보였다

술에 취해 살 때는 좀처럼 보기 어려운
날카로움들이었다

날카로운 풋기를 죽여야
너른 품의 향을 피울 수 있다고
아침 다향이 맨 정신의 나에게
나직하게 이르고 있었다

주춤 주춤 물러서는 당신을
이제야 제대로 안을 수 있을 것만 같다.

섬진강대로 3492

화개면 부춘리 804번지였던
19번 국도 옆에 우거 하나 지어 놓고
'놀이터'라 불렀다
봄이면 찻잎 따고 겨울이면 활자중독에
깊이 빠져들던
차허기 술허기 물허기에 시달린 사람들이
뜬금없이 찾아들던 곳
또 더러는 차 한 봉, 술 한 병 적선하듯
던져놓고 가던 그곳
저문 강가에 서면 대책도 없이 쓸쓸해지는
곳이라 말하면서도 그 강가 백사장에 퍼질러 앉아
새벽달과 함께 통음하던 곳
시인이 그러자 소설가가 따라했고
평론가도 몇 있었지

이제 누옥도 주인도 늙어
지는 꽃잎에도 목이 메는데

집마저도 넓혀지는 길에 헐려
'옛터'로 남을 그곳

한 세상 참 잘 살았구나 싶은
섬진강대로 3492
그
우거 한 채.

해설

겸애와 겸허의 시선

공광규(시인)

 시인은 시집 서문에서 한 번도 자신이 예견했던 삶을 살지 못했다고 고백한다. 돈도 안 되고 사람도 안 된다는 시인으로 살아왔다고 자책한다. 그러면서 산다는 것도 쓴다는 것도 속절없이 쓸쓸하다고 한다. 시인의 이런 고백은 시적 수사일 것이다. 시가 없다면 지금 이만큼의 삶도 되지 못할 것이라는 겸애와 겸허의 언사일 것이다.

 아무튼 이번 최영욱 시집의 시들을 거칠게 개관하면 크게 세 가지가 된다. 자신이 살고 있는 하동과 섬진강, 하동에서 지척인 남해, 그리고 오랫동안 스스로 경작하고 만들어 나누어주던 차 이야기다. 이런 시편 하나하나에 인생에 대한 성찰과 비유, 역사와 현실에 대한 견해, 비판과 원망 등이 섞여 있지만, 그 근저는 자연과 사람에 대한 겸애와 겸허가 있다.

이를테면 「어떤 의식」에서 보여주듯 "논 팔백 평을 빌려 직파로 벼를 심고 유기농으로 길렀지만, 여름 한 철 내내 김매고 퇴비하고 그것도 모자라 얼굴까지 새까매"지도록 일을 해서 적자가 났지만, 땅을 대하는 농삿꾼의 "태도나/ 밥 한 술을 오래오래 씹어 먹는" 사람들에게 "넙죽하고 크고 큰 절 한자리 올리고 싶"어하는 마음을 가진 시인인 것이다.

시인의 주거지는 하동이다. 그는 지난 이십여 년 간 하동 평사리에 문인들을 불러 모아 빈 '들판과 산등성이'를 '문장'으로 풍성하게 채워 넣고 있다. 이런 내용이 「다시, 평사리에서」 담담하게 형상되고 있다.

날이 저물면 저녁이 찾아들 듯
날이 새면 어김없이 오르던 평사리 — 行
늙은 자동차도 길을 다 외워 차도 나도 편안했던
평사리 — 行 이십여 년

이젠 늙어 기다릴 사람도, 받을 기별도 더는 없어
빈 곳간들을 사람으로, 문장으로 채워놓고

내 언젠가는 최참판댁 솟을대문을 등 뒤로 두고

개치나루 쯤에서 나룻배 하나 얻어 타고
흐르듯 떠나가겠지

나는 늘 평사리에서 누군가를 기다렸지만
이제 평사리가 나를 기다려도 좋지 않을까
싶은 것이다

평사리 — 出

— 「다시, 평사리」 부분

  평사리는 최영욱 시인이 하동문학의 부흥과 고양을 위해 힘쓰며 중장년 보내고 있는 곳이다. "날이 새면 어김없이" 차를 타고 오르고 "날이 저물면" 내려오기를 이십여 년, 같이 다니던 자동차도 시인도 같이 늙어서 길을 다 외우고 있다. 길을 외우고 있어서 편안한 이곳을 화자는 "사람으로, 문장으로 채워" 놓았다고 한다.

  그러면서 화자는 언젠가는 그가 출퇴근을 하던 "최참판 댁 솟을대문을 등 뒤로 두고/ 개치나루 쯤에서 나룻배 하나 얻어 타고/ 흐르듯 떠나가겠"다는 것이다. 더불어 이제는 "평사리가 나를 기다려도 좋지 않을까"라고 주체를 전도시키기도 한다.

지난여름의 무더위가 키웠을까
지리산 푸른 바람이 달았을까
저리도 달고 붉게 매달려
지리산 푸른 달빛이
개치나루로 하동포구로 흘러드는
길을 밝히는
가로등이었다가
악양골 인심 좋은 농부들 웃음이었다가
허공을 두리번거리는
까치들 밥이었다가
이 가을을 내 손 안에 통째로 얹히고 마는

아직 달이 뜨지 않은 악양골 어느 누마루에서
보았네 온 골을 밝히는 저 따뜻한 호롱불들.
―「대봉감」 전문

  하동의 특산물은 대봉감이고, 이런 감나무 밭은 시인이 일과를 보내는 평사리 최참판댁 주변에 아주 많다. 시인은 감나무 밭에 매달리고 익어가는 대봉감을 보고 그냥 지나치지 않고 한편의 시로 형상하고 있다. 그러니까 대봉감은 여름 무더위가 키우고 지리산 푸른 바람이 단맛을 넣은 것이라고 한다.

대봉감은 개치나루와 하동포구로 가는 길을 밝히는 가로등이었다가 농부들 웃음이었다가 까치밥이었다가 따뜻한 호롱불이라고 비유한다. 대봉감이 호롱불로 전환되기까지 과정을 연쇄적 비유로 형상하고 있는 것이다.

이런 하동에는 섬진강이 있고, 시인은 이 섬진강을 자연과 역사로 읽는다. 비유적 방식이다. 섬진강을 허기와 아픔으로 받아들이기도 한다. 최영욱은 그만의 독법으로 섬진강을 읽어내고 있는데, 그 방법을 전반적으로 총괄한 시가 아래 「강의 독법」이다.

>
> 느릿느릿 읽어야 한다
> 사릿물이 백사장으로 차오르기 전
> 바닥 모래를 깊이 적시듯 적셔 마침내
> 물아래로 잠기는 모래밭처럼
> 느리고 깊게 읽어야 한다
>
> 피아골도 잔돌평전도 읽어내야 하며 그들이
> 쓰다듬은 모든 세월도 반드시 읽어내야 한다
> 이것저것 나누지 않음도 깊숙이 받아들임도 읽어내야
> 하는 것이다 차안과 피안이 그렇고 누군가가 할퀴고 간
> 무너진 하상도 기억 속에서 불러내 읽어야 한다

소리 없는 것들을 들어야 하고 윤슬의 부대낌도 시리게
필사해야만 한다 저무는 것들이사 일별로 보낸다지만
흐르는 것에는 안겨야 하는 것이다
안겨 같이 흐를 때
제대로 같이 가는 것이다 물이 그려낸 곡선도 유장함도
남으로 길을 잡아 바다로 스며들 때까지, 물에 물을
더한 물에 서린 긴 이야기를 읽어내야만 한다

느릿느릿 오래 깊이 읽어야만 한다.
―「강의 독법」 전문

첫 연에서는 백사장에 사릿물이 차오르듯 느릿느릿 읽어야 한다고 단정한다. "피아골도 잔돌평전도 읽어내"고, 이들이 환기하는 분단의 역사도 읽어내고, 이런 것들로 인한 죽음도 기억 속에 불러내어 읽어내어야 한다고 한다. 그러니까 섬진강을 역사적 상상력으로 읽고 기록할 줄 알아야 한다는 주장이다.

시인은 섬진강을 자연주의적, 생태주의적 관점에서 바라보기도 한다. 다른 강들이 인간 중심의 개발로 파괴가 많이 되어 안타깝지만 섬진강은 "그나마 다행"이라고 안도하기도 한다. 시 「그나마 다행이라는 말」에서 화자는 "물속에 핀 꽃을 본 일이 있다"고 한다. 다름 아닌 산란기에 바다에서 섬진강을 찾아 올라온 붉은 황어떼를 보고 하는 말이다.

사실 강에서 황어떼를 볼 수 있는 것을 다행한 일이 아니고 마땅한 일이어야 한다. 그럼에도 황어떼가 올라오는 것을 다행으로 여기는 것은 국토가 오염되어 있어서 가능하지 않다는 것을 알기 때문이다. 그러므로 황어떼가 올라오는 것을 당연한 것으로 여기는 일이야말로 미안하고 죄스러운 일일 뿐이다.

결국 우리나라의 강과 하천은 생물에게 잔인함과 절망을 안겨주는 곳이라는 역설이다. 강에는 황어나 은어, 참게나 장어들이 자유롭게 오르내려야 하는 것이 당연한 것인데도 그렇지 못한 게 현실이다. 4대강의 수많은 보들 때문이다. 보의 견고한 콘크리트 벽에 막혀 물고기들은 "머리를 박으며 짓찧으며" 하지만 오르지 못하는 것이다.

화자는 다른 강들과는 달리 섬진강에는 황어가 오르고, 이런 "'자연 앞에서의 겸손'을 배운 시인들이/ 그나마 섬진강은 다행이라고 말할 때/ 나는 그만 가슴이 저려/ 차라리 깊이 미안했다"고 한다. 자신이 살고 있는 섬진강에만 황어가 오르는 것이 다른 사람들에게는 미안하고, 그래서 "그나마 다행이라는 말은/ 염치없다는 말"이라고 겸허와 겸손을 보여준다.

최영욱이 이번 시집에서 보여주는 「하동포구」「노량포

구」「화심나루」「호암나루」「개치나루」「화개나루」등 포구와 나루의 시들은 두 가지 의미가 있다. 하나는 자신이 살고 있는 곳에 관심을 갖고 하동의 섬진강 유역의 포구와 나루를 연작형식으로 형상했다는 것이다. 그리고 포구와 역사를 접합시켜 유장한 서사를 복원하고 있다는 것이다.

시「노량포구」는 하동포구 팔십 리가 시작되는 포구인 '노량포구'를 형상한 시이다. 물길 백 리 팔십 리는 실제의 거리가 아니라 정감의 거리라고 하는 시인. 여기서 화자는 "희게 달빛에 젖은 포구는 '노량' 하고 불러보면/ 1598년 장군의 피 묻은 갑옷이 노량바다에 어려/ 한쪽 가슴이 저려오고 멀리 관음포 불빛만/ 섬처럼 떠 그날만큼 멀었다"고 한다.

하동포구에서 팔십 리가 되는 노량포구는 "바다를 버리고 강으로 드는 길"이며, "오백 리 먼 길을 달려온 섬진강이 남해로 스며드는 포구"인 것이다. 화자는 이 포구에 서자 "옛것의 비린내는 멀어 아득하고/ 사람들은 순해져 정처를 잃"고 "나 또한 순해져 문장을 놓치는" 포구라고 한다. 그러므로 노량에서는 시를 쓰지 말고 "부디 묵념만 하시라"는 전언이다.

시「화심나루」에 화자는 "아름다운 이름을 가진 나루터에 서 보면/ 옛적 신작로를 휘적휘적 걸어서 오르내리던/ 웃어른들의 발자국들이" 백사장에 남아있을 것만 같다고 한다. "죽창의 기세 좋은 풍경도 떠오르"고, "손을 펴면 손바닥에서도/ 꽃이 필 것 같은 나루"인 것이다. 매화 마을이 지척인 나루이지만 지금은 나룻배가 없어 강을 건너지 못하고 매화 무더기만 바라볼 뿐이라고 한다.

시 「호암나루」는 하동읍에서 십 리 자갈길을 걸어가면 나오는데, 화자가 어려서 배를 타고 할머니 댁에 가던 나루이다. 호랑이 바위가 있어서 유래한 이름의 이 나루는 배밭 가운데 있다고 한다. 지금은 할머니도 나루도 사라지고 배꽃만 만발하는 곳이다. 시인의 경험과 기억이 남아 있는 "이화에 가슴 저미는 나루였다"고 회고한다.

시 「개치나루」는 "세상이 다르게 열리는 포구"라는 의미로 악양루가 있었는데, 지금은 벼락을 맞아 사라진 것으로 보인다. 이 누각이 있던 자리가 "잘 쌓여진 돌담만이 문장으로 남"아 있는 포구이다. 화자는 "자유로운 포구라서 항시 좋았다"고 한다.

시 「화개나루」는 장이 서는 날 나루가 부산했던 곳으로 "동학이 건너오고/ 파르티잔들이 건너와 지리산으로 들던 나루"였다. 산 것들이 건너온 강과 죽음으로 내몰린 산이 만나는 곳으로 표현된다. 그러나 다리가 놓이면서 사라졌다고 한다.

이 포구에선 쉬어야 한다

노를 쥐었던 손을 풀고 삿대도 내려놓고
머리에 이었던 짐도, 지게도 내려놓고 막걸리 한 잔에 취해
땅바닥이라도 두들기며 육자배기 한 자락에 취해도 볼 일이다
장바닥에 질펀하게 깔린 사람들의 언어는 들을 일 없다 하고
내 한 잔의 술에 취해 권커니 받거니 하다보면 날은 밝아
다시 내륙 깊숙이 밀려드는 남쪽 바다의 밀물에 얹혀
길을 재촉하면 밀물의 힘을 받지 못하는 홍롱 어귀쯤에서
바람이 맞으면 돛을 올리든지 그도 아니면 노와 삿대의
힘만으로 화개까지 올라야 하는 힘든 물길

이제 수로는 육로의 빠른 속도에 빛을 잃고
미조에서 노량을 거쳐 화개로 오르는 19번 국도만이
그 길을 대신하지만 그 길은 봄이면 꽃잎보다도 많은
차량들로 늘 북적대며 화개로 화개로 오르는데
나는 그 길의 중간과 끝을 외우는데
저들이 기를 쓰고 오르기를 원하는 것은 아마
나와는 다를 터이어서 만류할 수 없는 것이다

화개는 칡꽃이 피는 동네

그것도 눈 속에 칡꽃이 핀다는 동네
"화개"라고 크게 말하여보면
입 속에서도 꽃이 피는데
다만 내 눈 속으로는 들어오지 못하는 꽃이라서
그래서 꽃길을 악착같이 가보는 것이라
짐작할 뿐이다.

—「하동포구」 전문

  많은 포구와 나루 가운데 하동포구에 와서는 쉬어야 한다고 한다. 하동포구는 노를 내려놓고 삿대도 내려놓고, 짐도 지게도 내려놓고 막걸리에 취해서 육자배기가 흥건했던 곳이다. 지금은 옛날의 빛을 잃었다고 한다. 수로가 육로로 바뀌면서다. 지금은 미조에서 노량을 거쳐 화개로 오르는 19번 국도가 옛날 수로를 대신한다. 이렇게 최영욱이 하동의 섬진강변 나루와 포구를 연작으로 쓴 것은 하동의 역사와 전통, 정신을 복원시켜 현재에 보여주고 싶은 의도이기 때문일 것이다.

  아울러 이번 시집에는 하동과 인접한 남해를 시의 제재로 쓴 시들도 많이 보인다. 미조에서 노도를 통해 서포 김만중의 유배시절을 상기하고, 강화도까지 제재를 확대한다. 시「미조」는 '미조'의 지명이 '미륵'에서 왔다는 것과「갯바위」에서는 섬 노도가 "300년 전 한 선비의 적막을 마주"하고 있는 곳으로 진술된다. 이 선비가 바로 서포 김만중이다. 시인은 벽련포구와 앵강만, 거센 바람을 통해 거친 유배 살이를 한 서포의 마음을 암시하고 있다.

「강화시편 1 —만중에게」와「강화시편 2 —홍이포」,「강화시편 3 —이별」,「노도에서 —노도」,「노도에서 —묵즙」,「노도에서 —꿈」,「노도에서 —너머」는 서포 김만중에 대한 연작들이다.「강화시편 1 —만중에게」에서 화자는 김만중의 아버지가 된다.

  너의 할머니를 모시고 월곶나루를 건널 때
  하얀 눈이 내렸다
  그 눈 위로 자꾸만 포개지던 만삭의 니 에미와 니 형 만기의
  얼굴이 어렸다 지워지고 지워졌다 어리길 반복하고
  녹지 않은 눈 위에 또 다른 눈들이 쌓여
  적들의 기세만큼이나 삼엄하구나

  성루 골기와를 따라 얼어 내린 고드름만으로도
  적을 물리칠 수 있을 것만 같은 추운 날
  저 얼음의 날들을 적에게로 돌릴 수 있다면
  이 싸움에서 지지 않을 것만 같구나

젊은 애비가 오른 이 성루에서

너는 멀고

적은 몹시 가깝구나

내 죽음이

결코 허름하지 않기를 성긴 눈발이 날리는

하늘에 빌고 또 빌어본다.

—「강화시편1 —만중에게」 전문

김만중은 인조 15년 1637년에 태어나서 숙종 18년 1692년에 죽었다. 조선조 명문의 양반관료였으며 국문학사에서 중요한 문학가다. 그는 광산(光山) 김씨 거족인 사계 김장생(金長生)의 증손이라고 한다. 병자호란이라는 국치의 한을 품고 강화도에서 자결한 충렬공 김익겸의 아들이고, 숙종의 초비인 인경황후의 부친 광성부원군 김만기의 아우이기도 하다.

이렇게 김만중의 가계는 명문거족이었으나 고단하고 기구한 삶을 살았다. 그의 아버지는 강화도에서 자결했으며, 이때 그는 어머니의 뱃속에 있었다. 그러니 평생을 두고 아버지의 얼굴을 몰랐다. 아버지가 없고, 어렸을 때는 병자호란 난리를 겪고 난 이후라서 홀어머니 윤씨가 손수 베를 짜서 조석의 끼니를 이었다고 한다.

위 시에서 서포의 아버지는 서포의 할머니를 모시고 월

곶나루를 건너 강화도로 간 것이다. 때는 흰 눈이 내리는 겨울이었고 어머니는 서포를 품고 만삭인 채였다. 일가족을 강화도에서 다시 내보낸 서포의 아버지는 "젊은 애비가 오른 이 성루에서/ 너는 멀고/ 적은 몹시 가깝구나"라고 한다. 죽은 아버지가 유배를 사는 아들에게 보내는 형식의 시다.

「강화시편 2」와 「강화시편 3」도 죽은 아버지가 유배를 살고 있는 아들을 향해 진술하는 방식이다. 적의 포탄 아래 있는 아버지가 절박한 상황에서 아들을 향해 "아들아/ 너는 너무 멀리 있구나"라고 한다. 「노도」에서 연작들은 서포의 유배생활에 대한 안타까운 심정과 부모에 대한 애절한 그리움을 형상하고 있다.

최영욱 시인의 이번 시집 특징 가운데 하나는 차밭과 차 이야기이다. 연작을 통해 차를 따는 것에서 덖고 말리고 봉지에 담고 다관에 넣어 뜨거운 물을 부어 차를 우리는 일련의 과정을 시로 형상하였다. 현대판 「동다송」이다.

　차밭에 든다
　든다는 것은 인기척이다
　늘 먼저 와 있는 손님 때문이기도 할 터
　고라니가 주인일 때도 그렇고
　멧돼지나 뱁새의 둥지도 그렇다

그러므로 늘 "듭니다"라고 고함치지만
이는 사람의 말이라서
그들은 언제나 나를 기겁하게 하고
손님과 손님들이
서로가 놀라는 차밭

그래도 차밭에 엎드리면 세상은 멀어
아득한데
차밭에 무릎 꿇으면 찻잎은 더욱 선명하여
연두로 물결치는데
그 연두색 멀미에 열이 뜨는데
달뜬 손놀림은 허방을 짚기 일쑤

찻잎의 목을 꺾는다는 것은
한 모금의 차를 얻기 위함이나
염치를 가르쳐준 잎이기도 하여

봄날의 차밭은
나만의 법당이었다.

―「차밭 법당 1」 전문

차밭은 열린 자연 공간이다. 법적 소유자인 사람만이 아니고 고라니와 멧돼지와 둥지를 틀고 사는 뱁새와 공동소유이다. 그래서 차를 따러 차밭에 들어 갈 때는 "듭니다"고 큰 소리로 알린다. 차를 따려고 몸을 숙이면 세상이 가려 보이지 않고 더 낮게 "무릎 꿇으면 찻잎은 더욱 선명하여/ 연두로 물결" 친다.

화자는 "찻잎의 목을 꺾는다는 것은/ 한 모금의 차를 얻기 위함이나/ 염치를 가르쳐 준 잎이기도 하여// 봄날의 차밭은/ 나만의 법당이었다."고 한다. 이 시편을 읽으니까 이미 최영욱이 차에 대한 공경심을 시로 형상한 「염치」라는 시가 떠오른다. 위대한 인물이나 우상 앞에 굴복하는 모습이 아니라 어린 순이 나 있는 차밭에 절하고 무릎을 꿇는 겸허한 시인의 모습이 떠오르는 것이다.

시 「염치」에 대한 시 전문과 설명은 졸저 『이야기가 있는 시창작 수업』(시인동네, 2009)에 수록되어 있다. 어린 찻잎을 따기 전에 차 밭에서 무릎을 꿇는 행위는 시인의 겸허한 인생관과 인생의 어느 시점에서 입은 상처를 동시에 투영하고 있다. 어린 찻잎과 상처가 결국 다른 사람의 좋은 향이 된다는 것이 「염치」의 주제이다.

「차밭법당 2」에서는 차나무에 꽃이 피어 벌떼가 소란한 차밭의 모습과 탐향을 내려놓으면 가벼운 봄날일거라는 무욕의 정신을, 「덖기─살청」에서는 향을 살리기 위해 풋 것의 날카로움을 죽이는 과정을 이야기한다. 「비비기─유념」은 찻잎을 마는 행위를 형상한 것인데, 비비기는 찻잎에 상처를 내는 행위로 "잘 비벼야 좋은 향으로 우릴 수 있는" 것이라고 한다. 그러면서도 이런 행위를 "무자비한/노략질"로 형상한다.

"잘 비벼져 말린 찻잎을 털어 너는 것은/ 고행이자 수행"으로 형상한 「말리기」, 상처 난 찻잎을 다시 솥 안에 넣는 맛내기를 표현한 「맛내기-가향」, 다관에 물을 붓자 뜨거운 물 속에서 진저리치며 향을 피워내는 찻잎의 모습을 형상한 「우리기」, 차를 나누어 마시는 행위를 형상한 「나누기」 등 차의 정신을 시로 정리하고 있다.

자신이 기획하는 삶을 살지 못하고, 돈도 사람도 안 되는 시인으로 살아왔다고 자책하는 최영욱. 삶과 시를 쓰는 행위가 속절없고 쓸쓸하다는 시인. 이런 겸애와 겸허의 시인은 자신이 살고 있는 섬진강역의 하동과 서포 김만중의 유배지인 남해, 그리고 찻잎을 따고 덖고 우러서 마시는 행위를 중심으로 지역의 지리와 역사, 현실과 기억을 비유적 방식으로 다양하게 형상하고 있다. 삶의 주변에서 포착하고 채집한 사물과 과거와 현재의 사건을 변주하며 시편 하나하나에 담아가는 시인의 면모가 아름답게 장엄된 한권의 시집이다.

념」은 찻잎을 마는 행위를 형상한 것인데, 비비기는 찻잎에 상처를 내는 행위로 "잘 비벼야 좋은 향으로 우릴 수 있는" 것이라고 한다. 그러면서도 이런 행위를 "무자비한/ 노략질"로 형상한다.

"잘 비벼져 말린 찻잎을 털어 너는 것은/ 고행이자 수행"으로 형상한 「말리기」, 상처 난 찻잎을 다시 솥 안에 넣는 맛내기를 표현한 「맛내기—가향」, 다관에 물을 붓자 뜨거운 물 속에서 진저리치며 향을 피워내는 찻잎의 모습을 형상한 「우리기」, 차를 나누어 마시는 행위를 형상한 「나누기」 등 차의 정신을 시로 정리하고 있다.

자신이 기획하는 삶을 살지 못하고, 돈도 사람도 안 되는 시인으로 살아왔다고 자책하는 최영욱. 삶과 시를 쓰는 행위가 속절없고 쓸쓸하다는 시인. 이런 겸애와 겸허의 시인은 자신이 살고 있는 섬진강역의 하동과 서포 김만중의 유배지인 남해, 그리고 찻잎을 따고 덖고 우려서 마시는 행위를 중심으로 지역의 지리와 역사, 현실과 기억을 비유적 방식으로 다양하게 형상하고 있다. 삶의 주변에서 포착하고 채집한 사물과 과거와 현재의 사건을 변주하며 시편 하나하나에 담아가는 시인의 면모가 아름답게 장엄된 한권의 시집이다.

애 지 시 선

002 붉디 붉은 호랑이   장석주 시집
003 붉은 사하라   김수우 시집
004 자전거 도둑   신현정 시집
005 정비공장 장미꽃   엄재국 시집
006 기차를 놓치다   손세실리아 시집
007 바람의 목례   김수열 시집
008 그리운 연어   박이화 시집
009 뜨거운 발   함순례 시집
010 정오의 순례   이기철 시집
011 그 남자의 손   정낙추 시집
012 즐거운 세탁   박영희 시집
013 구룡포로 간다   권선희 시집
014 좋은 날에 우는 사람   조재도 시집
015 여수의 잠   김열 시집
016 축제   김해자 시집
017 뜻밖에   박제영 시집
018 꽃들이 딸꾹   신정민 시집
019 안개부족   박미라 시집
020 아배 생각   안상학 시집
021 검은 꽃밭   윤은경 시집
022 숲에 들다   박두규 시집
023 물가죽 북   문신 시집
024 마늘 촛불   복효근 시집
025 어처구니 사랑   조동례 시집
026 소주 한 잔   차승호 시집
027 기찬 날   표성배 시집
028 물집   정군칠 시집
029 간절한 문장   서영식 시집
030 고장 난 아침   박남희 시집
031 하루만 더   고증식 시집
032 몸꽃   이종암 시집
033 허공에 지은 집   권정우 시집
034 수작   김나영 시집
035 나는 열 개의 눈동자를 가졌다 손병걸 시집
036 별을 의심하다   오인태 시집